ESSAI

DE

PROJET DE LOI HYPOTHÉCAIRE

PAR

RAOUL DE LA GRASSERIE

Docteur en Droit

Juge au Tribunal de Rennes

Membre de la Société de Législation Comparée

———

Présenté au Congrès International de la Propriété Foncière à Paris

Session d'Octobre 1892

———

PARIS

PEDONE-LAURIEL, LIBRAIRE-ÉDITEUR

13, RUE SOUFFLOT

1892

ESSAI

DE

PROJET DE LOI HYPOTHÉCAIRE

PAR

RAOUL DE LA GRASSERIE

Docteur en Droit

Juge au Tribunal de Rennes

Membre de la Société de Législation Comparée

Présenté au Congrès International de la Propriété Foncière à Paris

Session d'Octobre 1892

PARIS

PEDONE-LAURIEL, LIBRAIRE-ÉDITEUR

13, RUE SOUFFLOT

1892

Dans une étude publiée en 1891, intitulée : *de la Réforme hypothécaire, ou des modes de création, de transmission et d'extinction des droits
absolus, principalement des droits de propriété et de garantie, et de
leurs éléments,* nous avons essayé de tracer le type, idéal suivant
nous, d'un régime hypothécaire scientifique et complet, sans tenir
compte de la possibilité contingente, des conditions du milieu juridique du pays et du temps, et de la déperdition que le frottement
des faits doit faire nécessairement subir à l'idée et à ses consé-
quences logiques. Nous avons dû, par ailleurs, entrer dans les
nombreux développements que le sujet imposait.

Nous croyons utile aujourd'hui, lorsque le débat sur la réforme
hypothécaire est à l'ordre du jour et entre dans une période active,
de condenser dans un espace restreint, sous la forme pratique d'un
projet de loi, ce que nous avions écrit autrement et dans un autre
but. Nous avons en même temps éliminé tout ce qui n'était pas
susceptible d'une application immédiate, nous bornant à l'essentiel,
à l'irréductible, en même temps, à ce qui serait facilement assimi-
lable à nos mœurs judiriques actuelles.

Ce projet ne contient pas les détails de réglementation qui
peuvent être confiés, après l'adoption d'une loi et par cette loi même,
à des règlements d'administration publique, et n'ont, en tout cas,
d'importance que lorsqu'il s'agit d'un projet déjà débattu, et
destiné à être présenté au Parlement sous sa forme définitive, et
non de ceux proposés, comme le nôtre, aux méditations préalables
et à la discussion des jurisconsultes et du public.

Tout en écartant tout exposé théorique, nous avons pensé qu'il
y avait lieu de conserver le cadre scientifique qui existait dans
la classification de notre livre, l'ordre intrinsèque pouvant être d'un

grand secours dans la position exacte, et par là même, dans la
solution d'un grand nombre de questions.

Enfin nous n'avons voulu toucher aux dispositions du Code Civil,
qu'en ce qu'elles ont d'incompatibles avec les principes de réalité,
de légalité et de publicité qui sont les bases essentielles de la loi
hypothécaire, même lorsque ces dispositions devraient, à d'autres
points de vue, être abrogées ou modifiées.

RAOUL DE LA GRASSERIE.

ESSAI

DE

PROJET DE LOI HYPOTHÉCAIRE

DISPOSITIONS PRÉLIMINAIRES

1. Pour l'application de la présente loi sont assimilés aux immeubles : 1° les navires ; 2° la propriété artistique, littéraire et industrielle ; 3° les fonds de commerce ; 4° les offices ministériels, sauf en ce qui concerne les droits d'expropriation forcée et de suite ; 5° la part d'un héritier dans la masse de la succession non encore partagée. L'hypothèque consentie sur cette dernière part se reportera de plein droit sur les objets échus en partage, s'ils sont susceptibles d'hypothèque, et sur les soultes.

2. L'action résolutoire du vendeur, les actions du donateur en révocation pour inexécution des conditions, ingratitude ou survenance d'enfants, celles en rapport, en réduction, celle en retour conventionnel, les retraits d'indivision de droit litigieux ou de droit successoraux, l'action en rescision pour cause de lésion ou incapacité et toutes autres actions résolutoires quelconques sont supprimées et remplacées par une action personnelle en exécution ou en indemnité garantie par une hypothèque légale ci-après déterminée et inscrite par le conservateur des livres fonciers d'office ou sur réquisition.

3. La prescription acquisitive et celle libératoire au sujet de tout droit inscrit sont abrogées.

4. Le conservateur des livres fonciers est responsable de toutes les erreurs ou omissions par lui commises : à son défaut, le Trésor public est responsable, mais il pourra se faire assurer ou s'assurer lui-même contre l'effet de cette responsabilité au moyen d'un fonds formé de prélèvements annuels sur le coût des formalités hypothécaires.

PREMIÈRE PARTIE

Des espèces, des conditions et des effets des droits absolus ou réels sur les Immeubles et sur les biens assimilés aux Immeubles.

TITRE PREMIER. — *Des diverses espèces de droits absolus.*

5. Les droits absolus ou réels sur les immeubles ou biens assimilés aux immeubles forment trois catégories : 1° le droit entier ou propriété ; 2° les démembrements de la propriété ; 3° les droits absolus servant à garantir les droits relatifs ou personnels.

6. La propriété et ses démembrements restent tels qu'ils sont définis par le Code Civil avec les effets qui leur sont attribués par ce Code.

7. Les droits absolus servant à garantir les droits relatifs ou personnels sont les hypothèques seules.

8. Les privilèges, c'est-à-dire les hypothèques ayant un effet antérieur au fait qui leur a donné naissance, ou à leur inscription, ou ayant effet sans inscription, sont supprimés.

9. Les hypothèques légales sont aussi supprimées en tant qu'elles sont dispensées d'inscription ou que leur effet remonte à une époque antérieure à leur inscription.

10. Les hypothèques judiciaires sont supprimées et remplacées par les dispositions de l'article 33, alinéa 2.

11. Le droit de rétention est supprimé et remplacé par la prénotation autorisée par l'article 101.

12. L'hypothèque légale du légataire est supprimée. Le légataire aura de plein droit le droit de prélever sur la masse de la succession le montant de son legs après paiement des créanciers héréditaires. L'article 13 lui est applicable.

13. Le privilège de la séparation des patrimoines est supprimé. La séparation des patrimoines aura lieu de plein droit ; l'héritier

ne pourra appréhender la succession et en confondre la masse avec son propre patrimoine qu'après paiement de tous les héritiers et de tous les légataires de la succession ou de leur consentement. Jusqu'alors les créanciers de l'héritier n'auront aucun droit sur la masse héréditaire.

14. L'hypothèque légale et le privilège du Trésor public sur les biens des comptables sont supprimés. L'État pourra se faire consentir. soit à l'entrée en fonctions, soit depuis, toutes hypothèques conventionnelles qu'il avisera.

15. Le privilège du Trésor sur les biens des particuliers ou sur leurs revenus pour le recouvrement des impôts est converti en hypothèque légale n'ayant rang que du jour de son inscription.

16. Les privilèges consacrés par l'article 2101, sauf ceux pour frais de justice, ne portent pas sur les immeubles ni sur les valeurs assimilées aux immeubles.

17. Avant paiement de toutes créances, même hypothécaires, on devra prélever et déduire de la somme à distribuer, comme frais de justice, tous frais faits pour la conservation, l'assurance, la constatation, la mise en vente de l'objet et la distribution de son prix.

18. Les hypothèques, seules conservées, sont de trois sortes : 1° les hypothèques conventionnelles expresses ; 2° les hypothèques tacites ; 3° les hypothèques légales ; ces dernières sont prises soit au profit d'un particulier, soit au profit d'une masse de créanciers.

19. Les hypothèques conventionnelles. sont celles consenties expressément dans un acte authentique.

20. Les hypothèques tacites sont celles qui résultent implicitement du consentement donné pour un acte juridique dont les obligations réciproques sont la condition l'une de l'autre. Elles sont inscrites d'office par le Conservateur, lors du transfert de l'acte juridique qui y donne lieu.

21. Les hypothèques tacites comprennent limitativement :

1° L'hypothèque tacite du vendeur, pour sûreté du paiement du prix et des charges ;

2° Celle du coéchangiste pour le paiement de la soulte et la garantie d'éviction ;

3° Celle du copartageant ou du colicitant pour les mêmes causes ;

4° Celle du donateur pour l'exécution des charges et pour les cas d'ingratitude et de survenance d'enfants ;

5° Celle de la masse héréditaire, pour le rapport, sur l'immeuble donné ;

6° Celle de la même masse, pour la réduction, sur le même immeuble ;

7° Celle de la personne qui aura fait des impenses sur le fonds d'autrui, par suite d'un mandat ou de l'indivision, pour garantie soit de la dépense, soit de la plus-value, suivant les cas de mandat ou d'indivision.

8° Celle de l'ouvrier ou architecte qui aura construit sur le sol d'autrui et sur son ordre, jusqu'à concurrence de la plus-value donnée à l'immeuble.

9° Celle du demandeur en rescision, pour cause d'incapacité, de lésion ou de vice du consentement, ou de nullité pour défaut de formalités, d'un droit inscrit, lorsqu'il aura fait reconnaître en justice sa prétention, ou par voie de prénotation, lorsqu'il aura intenté sa demande.

Dans les cas des n°° 2, 3, 4, 5, 6, on devra déclarer dans l'acte pour quelle somme il y a lieu d'inscrire ; jusqu'alors le conservateur peut se refuser au transfert du droit principal.

Dans les cas des n°° 7, 8 et 9, cette fixation doit être faite dans un acte conventionnel ou dans un jugement fixant cette somme, ou dans une ordonnance du président du Tribunal, en cas d'inscription ou de simple prénotation.

Dans les cas des n°° de 1 à 6, l'inscription sera prise d'office.

22. L'ouvrier ou architecte n'a pas besoin de faire constater la valeur des constructions par une expertise ; il a droit de faire inscrire sa propre estimation, en vertu d'ordonnance du président, sauf au propriétaire à la faire réduire. Son hypothèque légale doit être inscrite avant l'achèvement des travaux au regard des créanciers inscrits postérieurement à cet achèvement ; autrement elle n'a plus rang qu'à la date de son inscription. Vis-à-vis des créanciers antérieurs à l'achèvement, l'hypothèque légale du constructeur a effet de préférence, à quelque époque qu'elle soit inscrite.

23. Les hypothèques légales sont celles qui dérivent de la loi seule, en dehors de tout consentement exprès ou tacite de celui

qu'elles grèvent, elles n'ont jamais d'effet rétroactif au delà du jour de leur inscription.

24. Les hypothèques légales sont individuelles ou collectives.

25. Les hypothèques légales individuelles sont celles qui appartiennent à des personnes déterminées.

Elles comprennent : 1° celle du mineur sur les biens du tuteur, ou de l'administrateur légal ;

2° Celle de la femme mariée, sur les biens de son mari :

3° Celle de toute personne lésée par un acte d'autrui, soit illicite, soit fait en dehors de la volonté du lésé, et celle du Trésor Public pour frais et amendes de justice criminelle ;

4° Celle du Trésor Public, sur les biens des redevables pour le montant des impôts ;

5° Celle de la personne qui aura fait des impenses sur le fonds d'autrui en dehors de tout mandat :

6° Celle de la victime du faux en annulation de l'inscription ou du transfert d'un droit, opéré en conséquence de ce faux ;

26. L'hypothèque de la femme mariée ou celle du mineur n'est point unique, mais se compose d'autant d'hypothèques distinctes qu'il y a eu d'encaissements y donnant lieu par le mari ou par le tuteur. Elle est restreinte à la garantie de la restitution des sommes encaissées, de la validité et de la sincérité des actes juridiques accomplis, et des indemnités pour dégradations.

27. Toutes les fois que le tuteur, après aliénation d'un immeuble appartenant au mineur, doit en recevoir le prix, et toutes les fois qu'il recouvre une autre somme quelconque, appartenant à celui-ci, les sommes recouvrées ne peuvent être versées valablement par le débiteur qu'entre les mains d'une caisse publique de l'État. Cette caisse ne devra en faire le décaissement qu'entre les mains de celui sur lequel remploi de ces sommes aura eu lieu conformément aux placements autorisés par la loi. Tout paiement effectué dans d'autres conditions n'est pas libératoire.

28. Le tuteur peut obtenir de justice l'autorisation de toucher ces sommes, lorsque cela est nécessaire dans l'intérêt du mineur. Dans ce cas le paiement devra être constaté par acte authentique, et une expédition de cet acte sera envoyé d'office dans les huit jours par le notaire au Conservateur, sous peine d'une amende de 300 francs. Ce dernier devra inscrire d'office sur tous les biens du

tuteur. Radiation de cette inscription d'office pourra être ultérieurement opérée sur le vu d'une délibération du conseil de famille constatant que la somme a été effectivement dépensée dans l'intérêt du mineur.

29. Le conseil de famille, pourra, en outre, pour toute autre cause, ordonner inscription de l'hypothèque légale du mineur pour une cause et une somme qu'il déterminera ; il pourra de même en ordonner la restriction ou la radiation, le tout sauf recours de la décision au Tribunal ; pendant l'instance de recours une prénotation pourra être inscrite.

30. La qualité de tuteur est inscrite sur le livre de publicité personnelle institué par l'article 116 ; ce livre fait renvoi de cette mention à celui de publicité réelle ; c'est au bureau de publicité personnelle que l'hypothèque légale est inscrite, celui-ci en fait le renvoi à ceux de publicité réelle des arrondissements où le tuteur possède des biens.

Lorsque le tuteur vient à acquérir de nouveaux biens et que son hypothèque légale est inscrite au bureau de publicité personnelle, celui-ci instruit de l'acquisition par renvoi du bureau de publicité réelle avise à son tour ce dernier qui mentionne l'hypothèque légale sur le bien nouvellement acquis.

31. Toutes les fois que le mari et la femme vendront un bien propre de celle-ci, lors du transfert de l'acte le conservateur du livre foncier devra prendre d'office inscription pour le montant du prix sur tous les immeubles du mari sis dans l'arrondissement et en envoyer avis au conservateur du bureau de publicité personnelle. Cette inscription d'office pourra être radiée lorsqu'il sera justifié remploi avec déclaration d'origine des deniers. Le conservateur devra aussi prendre inscription d'office lors du transfert fait, en vertu du partage ou de successions échues à la femme, pour toutes les sommes ou valeurs lui revenant. Lors de l'inscription du contrat de mariage, il devra aussi prendre inscription d'office pour la sûreté de la dot ne consistant pas en immeubles. Ces inscriptions seront prises au bureau de publicité personnelle et mentionnées à ceux de publicité réelle.

Les articles 29 et 30 ci-dessus relatifs à l'hypothèque légale du mineur sont applicables aussi à celle de la femme. Une autorisation du président du Tribunal remplace celle du conseil de famille.

L'hypothèque du mineur et celle de la femme peuvent être réduits par délibération du conseil de famille aux immeubles suffisant pour garantir la créance.

32. La femme ne pourra ni renoncer à son hypothèque légale contre son mari tant que dure le mariage ni subroger dans l'effet de cette hypothèque un créancier de son mari.

33. Les hypothèques légales collectives sont celles qui appartiennent à des masses de créanciers.

Elles comprennent :

1° Celle de la masse de la faillite. A partir de l'inscription de la déclaration de faillite, les créanciers de cette masse ont un droit collectif de préférence vis-à-vis de toutes créances même hypothécaires consenties postérieurement à cette inscription, et aucune aliénation ne peut être faite à leur préjudice ;

2° Celle de la masse des créanciers existants, soit au moment de l'inscription de la saisie immobilière faite par un seul des créanciers chirographaires, soit au moyen de prénotation, au moment du jugement de condamnation obtenu par un de ces créanciers, ou de l'ordonnance du président du Tribunal permettant au créancier de prénoter sa saisie dès le commandement tendant à saisir, en cas de titre exécutoire, ou dès la demande tendant à la condamnation dans le cas contraire. Cette hypothèque, à partir de son inscription ou de sa prénotation, confère, non au créancier qui s'inscrit seul, mais à tous les créanciers existants, et dont le titre a date certaine à cette époque, un droit de préférence vis-à-vis des créanciers postérieurs, et un droit de suite. En outre, le débiteur ne peut plus aliéner l'immeuble vis-à-vis d'eux.

Main-levée de cette inscription pourra cependant être donnée par le créancier saisissant, tant que la vente n'aura pas été annoncée par des insertions.

Cette dernière hypothèque légale remplace l'hypothèque judiciaire.

TITRE DEUXIÈME. — *Des conditions des droits absolus.*

34. La propriété ne peut être transférée ni à terme initial ou final, ni sous condition suspensive ou résolutoire, dépendante de la volonté ultérieure d'une personne ou de son fait. Ces modalités ne donnent lieu qu'à une action personnelle ou en retranslation. Cette

action personnelle est garantie cependant par une hypothèque tacite à inscrire d'office. Le terme préfix et la condition casuelle sont inscrits comme charges et rétroagissent ; leur accomplissement doit être inscrit comme transfert.

35. L'hypothèque doit porter spécialement sur des parcelles cadastrales déterminées ou sur l'ensemble d'un domaine.

36. L'hypothèque ne peut porter sur les biens à venir, même en cas d'insuffisance des biens présents, si ce n'est l'hypothèque légale.

37. Les droits absolus ne peuvent résulter que d'actes authentiques.

Pour les autres conditions des droits absolus, la présente loi se réfère aux dispositions du Code Civil.

TITRE TROISIÈME. — *Des effets des droits absolus.*

38. Pour les effets de la propriété et de ses démembrements, ainsi que pour ceux des hypothèques non prévus ci-après, il est référé par la présente loi aux dispositions du Code Civil.

39. L'hypothèque se reporte de plein droit, en cas de sinistre, sur l'indemnité d'assurance ou sur celle obtenue par recours contre le locataire ou les voisins ou l'auteur de toute dégradation, en cas d'affectation d'une portion indivise de la masse héréditaire sur les immeubles échus au grevé.

40. L'hypothèque est indivisible.

41. En cas d'hypothèque portant sur plusieurs immeubles et de vente de l'un de ceux-ci, elle peut s'exercer sur ce dernier pour la créance entière. Si l'autre immeuble vient ensuite à être vendu, le prix du premier lui sera fictivement réuni et l'hypothèque répartie sur les deux immeubles proportionnellement au prix de vente de ceux-ci, de manière à ce que le choix de l'un ne puisse nuire aux créanciers. Il en sera de même en cas de vente simultanée des deux immeubles.

42. Le créancier postérieur ne pourra faire vendre l'immeuble qu'en portant pour son compte une mise à prix suffisante pour désintéresser les créanciers antérieurs.

43. L'hypothèque donne les droits : 1° de vente forcée sans qu'il soit besoin de recourir à une saisie préalable, autre que celle qui résulte de l'inscription du commandement sur les parcelles visées, et aussitôt après ce commandement ; 2° de préférence sur tous les créanciers inscrits postérieurement ; 3° de suite. La survivance

du droit de préférence au droit de suite est réglée par l'article 107.

14. Elle garantit non-seulement le principal de la créance, mais aussi de plein droit les intérêts de l'année échue, et ceux en cours, ainsi que les frais du titre.

Le droit de suite s'exerce par la surenchère, laquelle n'est que d'un vingtième du prix principal.

15. L'acquéreur sur expropriation forcée de l'immeuble hypothéqué jouit des termes et délais du débiteur originaire.

16. L'hypothèque ne s'étend pas aux constructions ajoutées au sol.

DEUXIÈME PARTIE

De la constitution, de la modification, de la transmission, de l'extinction des droits absolus sur les Immeubles ou sur les valeurs assimilées aux Immeubles.

———

47. La constitution, la modification, la transmission et l'extinction des droits absolus n'ont d'existence, non-seulement à l'égard des tiers, mais aussi entre les parties, que par l'accomplissement des formalités ci-après.

48. Elles ont lieu, tantôt à titre définitif, tantôt à titre purement provisoire.

49. Les formalités accomplies pour constituer, transmettre ou éteindre à titre provisoire s'appellent prénotations.

50. Celles accomplies pour constituer, transmettre ou éteindre à titre définitif s'appellent : inscriptions.

L'inscription est dite immatriculation s'il s'agit de la constitution de la propriété, de transfert s'il s'agit de la transmission de celle-ci, de réversion s'il s'agit de son extinction.

L'inscription est dite d'affectation s'il s'agit de la constitution d'une hypothèque, de subrogation s'il s'agit de sa transmission, de radiation s'il s'agit de son extinction.

L'inscription est dite de démembrement s'il s'agit de constituer un droit réel autre que l'hypothèque, de cession d'exercice s'il s'agit de le transmettre, de consolidation s'il s'agit de l'éteindre.

51. La transcription est supprimée. Les formalités ne s'accomplissent plus sur le registre foncier en transcrivant en entier l'acte translatif, mais en en relatant l'essence sur un registre public, sur bordereau fourni par l'intéressé en même temps que le titre.

52. Les parties ne sont pas tenues de comparaître devant le conservateur foncier ; il suffit qu'on produise au nom de l'une d'elles le contrat formant titre et le bordereau ; il n'y a pas lieu à investiture.

53. Le conservateur doit s'assurer avant d'inscrire : 1° que l'acte a été dressé par un officier public compétent ; 2° que les parties sont capables ; 3° que les formalités nécessaires à l'acte ont été remplies d'après les mentions y contenues ; 4° que l'acte ne contient rien de contraire aux prohibitions des lois; 5° que les estimations nécessaires pour les inscriptions d'office y sont contenues.

Il doit vérifier la capacité, tant en compulsant son registre qu'au moyen du certificat de capacité et d'état civil prévu par les articles 113 et 125 qui devra lui être présenté par le requérant.

54. Le conservateur devra, en opérant l'inscription requise, prendre d'office les inscriptions non demandées qu'il doit faire en vertu des articles ci-dessus. S'il omet ces inscriptions d'office, l'immeuble en sera franc et quitte jusqu'au jour de leur inscription, sauf la responsabilité du conservateur, et celle subsidiaire de l'État.

55. Si le conservateur, en conséquence de sa vérification, croit devoir refuser l'inscription immédiate, il fait sur ses registres la prénotation qui conserve les droits des parties et mentionne dans cette prénotation la cause de son refus.

56. Lorsque la constitution d'hypothèque a pour cause un prêt d'argent concomitant, le prêteur peut faire dresser un acte conditionnel de prêt qu'il fait inscrire avant la numération des espèces. Si l'état pris sur cette inscription ne révèle pas d'autres hypothèques que celles déclarées dans l'acte, la numération des espèces sera constatée par une simple mention mise sur l'acte de prêt et enregistrée, sans que cet enregistrement puisse donner ouverture à aucun droit, pourvu que la mention soit faite dans le mois du prêt.

Il en sera de même pour l'acte de vente dont le prix doit être payé comptant.

L'hypothèque peut exister et être inscrite avec effet immédiat dès avant la naissance de la créance, en particulier en cas d'ouverture de crédit.

57. La bonne ou la mauvaise foi des parties ou de l'une d'elles ou des tiers n'a nulle influence sur l'effet de l'accomplissement ou de l'omission des formalités hypothécaires, sauf une action personnelle en indemnité, s'il y a lieu. Cette action personnelle n'est pas admise contre le tiers qui a eu simplement doute ou connaissance

d'une mutation antérieure non inscrite, et qui n'a employé ni hâte suspecte ni manœuvre pour l'inscription de son droit.

58. Les inscriptions seront prises au bureau de la situation des biens. S'il s'agit des meubles assimilés aux immeubles, elles seront prises au bureau de l'arrondissement où les navires ont leur lieu d'attache, de celui où est situé le fonds de commerce ou l'office ministériel, où la succession est ouverte, en cas de propriété industrielle au lieu de l'établissement, et en cas de propriété littéraire ou artistique au lieu du domicile.

59. Il n'y aura pas de domicile élu dans les inscriptions sauf le cas d'hypothèque à ordre ; toutes notifications devront être fiates au domicile réel indiqué dans l'inscription, ou au nouveau domicile mentionné en marge de cette inscription.

60. L'effet des formalités hypothécaires ne se périme point.

61. Aucune prescription, acquisition ou libération n'est acquise à l'encontre d'un droit inscrit, aucune ne peut exister au profit d'un droit non inscrit. La possession d'un immeuble est sans effet quant aux droits réels.

62. Le défaut de formalité hypothécaire peut être opposé non-seulement par les tiers, mais aussi par les ayants-cause même à titre universel, et par les parties elles-mêmes.

TITRE PREMIER

Inscription à titre définitif

CHAPITRE PREMIER

INSCRIPTION RELATIVE A LA PROPRIÉTÉ

1° Inscription constitutive ou d'immatriculation

63. A partir de la promulgation de la présente loi, il devra être, après la réfection du cadastre, procédé à la révision de toutes les propriétés sur les diverses parcelles cadastrales.

64. Lorsqu'il s'agira d'immatriculer une parcelle, on devra

appeler, au moyen d'une procédure d'immatriculation à déterminer par une loi particulière, tous ceux qui ont des droits, soit de propriété, soit de démembrement de propriété, soit d'hypothèque sur cette parcelle, à faire valoir leurs droits les uns contre les autres, et vis-à-vis des riverains en ce qui concerne la délimitation. Cette invitation aura lieu par publications collectives, et en outre, par sommations individuelles faites à ceux qui pourront être connus d'après les titres et les inscriptions hypothécaires existants.

Ceux qui n'auront pas fait valoir leurs droits dans le délai fixé en seront définitivement déchus. Il en sera de même de toutes les actions en nullité, rescision ou résolution quelconque qui ne seront pas produites.

65. La propriété de la parcelle sera incommutable et nette de toute charge entre les mains du propriétaire immatriculé comme tel ; les charges reportées sur la parcelle continueront seules d'exister.

66. Le débornement entre voisins, préalable à l'immatriculation, sera aussi irrévocable.

67. Les diverses parcelles immatriculées au profit du même propriétaire et contiguës pourront être portées ensemble sur une feuille du registre réel sous le titre de domaine.

68. Tant qu'une loi n'aura pas fait procéder à la réfection cadastrale, l'immatriculation n'aura lieu que sur la demande des propriétaires, ou à défaut, seulement au fur et à mesure des mutations. Lors de chaque mutation, l'acte devra indiquer les parcelles ou parties de parcelles transmises. On y joindra un plan du sol de l'immeuble vendu, tracé sur le calque du plan cadastral. Il sera procédé à la purge d'office conformément aux articles qui précèdent, mais non à une délimitation vis-à-vis des voisins. L'effet immédiat de l'immatriculation sera, en outre, restreint à tous ceux qui tirent leurs droits originairement du même auteur. Il ne sera accompli vis-à-vis des autres tiers, que trois ans après l'immatriculation provisoire.

L'immatriculation sur la demande du propriétaire aura lieu au moyen des mêmes productions, le propriétaire ne paiera que la moitié des frais ordinaires.

69. Les diverses phases de l'immatriculation consistent en : 1° production d'un acte translatif de propriété et réquisition d'immatriculation ; 2° examen de la validité apparente de ce titre et de la

capacité de l'aliénateur, conformément à l'article 53 ci-dessus ; 3° purge des droits antérieurs au moyen de la procédure provocatoire ; 4° immatriculation sur le registre ; 5° délivrance d'un certificat de propriété.

70. Le certificat de propriété est un titre absolu, contre lequel aucune preuve n'est admise. Il conserve sa valeur, même quand le contrat de transmission serait entaché de faux. Si l'immatriculation a lieu avant la révision cadastrale le titre ne sera absolu qu'un an après sa délivrance et sauf les contestations sur la délimitation.

71. Nul autre que le propriétaire immatriculé ou celui au profit duquel un transfert régulier a été consenti par lui et inscrit ne peut être admis à tranférer la propriété.

Le certificat d'immatriculation ne pourra être ni à ordre ni au porteur.

2° *Inscription de transfert.*

72. L'inscription de transfert exige les formalités suivantes :

1° Acte notarié ou autrement authentique constatant l'obligation de transmission, auquel est joint un bordereau d'inscription de transfert, et si une parcelle n'est pas transférée dans son entier, le plan de la parcelle transférée établi sur le calque du plan cadastral ;

2° Production d'un certificat de capacité et d'état-civil conformément à l'article 53 et vérification de l'acte par le conservateur conformément à l'article 69 ;

3° Inscription, ou en cas de refus d'inscription, prénotation conformément à l'article 55 ;

4° Délivrance de l'état des inscriptions précédentes ;

5° Radiation du nom du précédent propriétaire en marge du numéro cadastral et mention du nouveau ;

6° Retrait du certificat de propriété du précédent propriétaire et délivrance d'un nouveau certificat sur lequel se trouvent reportées les charges de l'ancien.

73. Sont soumises à l'inscription de transfert toutes les mutations de propriété qui y sont déjà assujetties par la loi du 23 mars 1855, et, en outre, les suivantes :

1° La dévolution héréditaire et le legs ;

2° Le partage ;

3° Tous les jugements de résolution, de rescision, ordonnant de retransférer la propriété ;

4° Les contrats de mariage lorsqu'ils contiennent ameublissement ou aliénation au profit du mari ou de la communauté de la jouissance des propres de la femme ;

5° La donation et la substitution ;

6° Enfin tous autres actes translatifs, récognitifs ou déclaratifs de propriété.

74. La dévolution héréditaire sera inscrite sur la production d'une expédition de l'inventaire authentique ou, à défaut d'inventaire, sur celle d'un acte de notoriété. L'inscription n'aura jusqu'au partage que la valeur d'une prénotation. Aucun partage ne pourra être inscrit sans inscription préalable de la dévolution héréditaire. Toute renonciation à succession ou cession de droits héréditaires devra être inscrite.

75. Le défaut d'inscription peut être invoqué, non-seulement par les successeurs à titre particulier, mais par ceux à titre universel, par les créanciers chirographaires, les donataires, les tiers tirant leur droit d'un auteur non commun, le disposant lui-même, sauf action personnelle contre lui, s'il y a lieu, enfin par toute personne ayant intérêt.

3° *Inscription de réversion.*

76. La propriété inscrite est inadmissible, si ce n'est par l'effet d'une inscription contraire d'un autre droit de propriété incompatible avec le premier, ou par l'effet de la purge qui précède l'immatriculation.

77. Il y a lieu à inscription de réversion de la propriété, lorsque la propriété par suite d'un droit de résolution ou de retour ou d'un réméré, ou par l'effet d'une condition résolutoire casuelle revient au précédnet propriétaire ; cette extinction n'a pas d'effet rétroactif lorsque la condition n'est pas purement casuelle.

CHAPITRE DEUXIÈME

INSCRIPTIONS RELATIVES AUX DÉMEMBREMENTS ET CHARGES DE LA PROPRIÉTÉ

§ 1er. — *Inscription constitutive ou de démembrement*

78. Doivent être inscrits, comme démembrement de la propriété, lors de leur constitution :

1° Les servitudes personnelles, usufruit, usage et habitation, emphytéose et superficie ;

2° Les servitudes réelles :

3° Les baux de plus de trois ans fermes ;

4° Les cessions de fermages, ou leur paiement anticipé, de plus d'un an ;

5° Les clauses d'inaliénabilité ;

Les servitudes ne peuvent s'acquérir ni se perdre par prescription.

79. Les formalités pour le démembrement sont les mêmes que pour la constitution de la propriété, sauf qu'il n'y a pas lieu à celles d'immatriculation. Ces formalités comprennent : 1° production d'acte notarié constitutif ; 2° vérification de la capacité et de l'état civil et de la validité apparente de l'acte, facilitée par la production d'un certificat ; 3° purge des hypothèques antérieures, conformément à l'article 3 ; 4° inscription de l'acte constitutif ; 5° délivrance d'un certificat de droit réel ;

Le démembrement doit être mentionné en marge de l'inscription de la propriété. Mention doit en être faite aussi sur le certificat de propriété.

§ 2. — *Inscription translative ou de cession d'exercice*

80. Doivent être inscrits à la fois par une inscription sur le registre courant et par une double mention en marge de l'inscription du démembrement et en marge de l'inscription de la propriété toute cession ultérieure du droit réel démembré.

81. Les formalités sont les mêmes qu'en cas de transfert de propriété. En outre, on doit faire mention du transfert sur le certificat de droit réel. S'il s'agit d'usufruit, il faut produire un certificat de vie de l'usufruitier.

§ 3. — *Inscription extinctive ou de consolidation.*

82. Cette inscription doit être faite lorsque le droit réel s'éteint par le laps de temps prévu, comme l'usufruit, ou par l'effet d'une convention ou d'un jugement.

83. Les formalités sont les mêmes qu'en cas de constitution ou de transmission. L'acte à produire est ou une main-levée, ou l'acte de décès de l'usufruitier.

Mention de la consolidation est faite sur le certificat de propriété, et le certificat de droit réel est annulé par le bureau.

CHAPITRE TROISIÈME

INSCRIPTIONS RELATIVES AUX HYPOTHÈQUES

1° Inscription constitutive.

84. L'inscription de l'hypothèque tacite ou de l'hypothèque légale est faite d'office par le conservateur dans les cas indiqués ci-dessus.

85. L'inscription de l'hypothèque conventionnelle renferme les formalités suivantes : Premièrement, 1° production d'un acte authentique constitutif contenant désignation des parcelles cadastrales ; 2° production d'un certificat de capacité et d'état-civil : 3° production d'un bordereau indiquant les mentions à inscrire. Deuxièmement, vérification par le conservateur de la capacité et de la validité, conformément aux articles ci-dessus. Troisièmement, inscription du bordereau à la date courante. Quatrièmement, délivrance d'un titre hypothécaire.

86. Le titre hypothécaire mentionne le chiffre de la créance, la date et le numéro de l'inscription, les numéros des parcelles, les noms du créancier et du propriétaire.

87. A partir de la délivrance de ce titre, l'hypothèque a un sort indépendant désormais de la créance et lui survit. La créance en est considérée comme l'accessoire, et s'éteint lorsque l'hypothèque prend fin. La validité de l'hypothèque et de la créance qu'elle confère est indépendante de celle de la créance primitive qui se trouve novée. Le titre d'inscription peut être, au gré des parties, délivré nominatif ou à ordre. Le mode ultérieur de transmission diffère suivant qu'on a préféré l'une ou l'autre forme. Lorsque le titre est à ordre, l'inscription et le titre devront contenir une élection de domicile où toutes significations pourront être faites.

88. Le titre hypothécaire ne peut être au porteur.

89. Le titre à ordre peut être délivré au nom et au profit d'un tiers créancier, ou au contraire, au nom et au profit du propriétaire lui-même qui pourra ensuite le passer au nom d'un tiers, soit par transfert, soit par ordre.

90. Le titre délivré au profit du propriétaire lui-même indique quelles sont les hypothèques qui ont rang antérieur ; il conserve son propre rang, quel que soit le sort ultérieur de ces hypothèques.

91. Si le propriétaire vient à payer le porteur de ce titre, il peut à son choix faire radier l'inscription et le détruire, ou le faire endosser ou transférer en son propre nom. Dans ce cas, le titre reprendra vie à son rang, en sortant de nouveau des mains du propriétaire.

92. L'ordre peut être sous signature privée.

93. Le titre d'inscription peut être muni de coupons d'intérêts au porteur.

2° *Inscription translative ou de subrogation.*

95. Lorsque l'hypothèque est cédée, cette cession ne devient valable, si le titre d'inscription est à ordre, que par un endossement, si le titre d'inscription est nominatif que par un transfert sur le registre de publicité.

96. Les formalités de transfert sont les mêmes que celles de l'inscription. En outre, le conservateur doit se faire représenter le titre d'inscription, y mettre la mention de subrogation ; il doit aussi mettre cette mention, en face de l'inscription constitutive, sur le registre.

97. Les formalités d'acceptation ou de notification au débiteur sont supprimées lorsque la créance est garantie par une hypothèque ; le débiteur ne peut payer valablement qu'au titulaire et porteur du certificat d'inscription et contre radiation si le titre n'est pas à ordre.

98. L'ordre entre les divers cessionnaires se détermine d'après la date, tantôt des inscriptions de subrogation, tantôt des endossements.

3° *Inscription extinctive ou radiation.*

99. La radiation ne peut avoir lieu que sur la représentation du certificat d'inscription quittancé ou d'un jugement en tenant lieu, et, en outre, d'une main-levée authentique si le certificat est nominatif, elle exige les mêmes formalités que celles édictées pour les autres inscriptions.

Mention doit en être faite sur le registre en marge de l'inscription constitutive, et de celle de subrogation.

Le titre d'inscription doit être annulé par le conservateur.

4° *Inscription de modification.*

100. Toute modification du droit hypothécaire doit être avec les mêmes formalités inscrite sur le registre, mentionnée sur le même en marge de l'inscription constitutive, et sur le certificat. Il en sera de même de tout changement de domicile et prorogation de délai.

TITRE DEUXIÈME

Inscription à titre provisoire ou prénotation.

101. Lorsqu'un droit est prétendu en justice, et qu'il y a lieu de craindre que le défendeur pendant le procès n'aliène l'objet de ce droit ou ne le grève de charges, le demandeur peut, en vertu d'une ordonnance du président du Tribunal exécutoire par provision, faire opérer au bureau des livres fonciers la prénotation de l'inscription, de la subrogation ou de la radiation qu'il pourrait faire inscrire définitivement s'il avait déjà obtenu jugement. Cette ordonnance est rendue, le défendeur présent ou dûment appelé.

Le défendeur, s'il parvient à triompher dans sa défense, ou dès auparavant, s'il prouve devant le Tribunal que la demande d'inscription est inutile et vexatoire, peut obtenir, par un jugement, la radiation de la prénotation ou sa réduction.

102. Lorsque le conservateur croit devoir refuser l'inscription d'un droit pour défaut de capacité des parties où toute autre cause, il doit prénoter le droit qu'il a refusé d'inscrire. Cette prénotation sera convertie en inscription ou radiée suivant les cas conformément à décision ultérieure de justice.

L'inscription ultérieure rétroagit au jour de prénotation.

CHAPITRE QUATRIÈME

RAPPORTS ET CONFLITS ENTRE LES DROITS ABSOLUS, DANS LEUR CONSTI-
TUTION, LEUR TRANSLATION OU LEUR EXTINCTION.

103. Le conflit peut exister quant à l'inscription, la subrogation ou la radiation, entre droits absolus de même nature ou de nature différente.

Si les droits absolus sont de même nature, la préférence appartient, s'ils sont inscrits le même jour, à celui qui est porté le premier sur le livre des dépôts.

104. S'il s'agit de droits absolus dont les uns sont la propriété et les autres des démembrements de la propriété, le droit le premier inscrit exclut l'autre s'il est plus étendu, le restreint dans le cas contraire.

105. S'il y a conflit entre les démembrements de la propriété d'une part et les hypothèques de l'autre, celles-ci, si elles sont ins- crites les premières, ne peuvent être diminuées par la charge inscrite depuis, qui reste vis-à-vis d'elles non-avenue. C'est l'ordre du dépôt qui règle la priorité.

106. Si le conflit existe entre un droit de propriété et un droit d'hypothèque, ces droits n'étant pas incompatibles coexistent, quelle que soit leur date.

107. L'inscription de la mutation de propriété, celle d'une inca- pacité survenue, n'arrêtent pas le cours des inscriptions des hypo- thèques ayant date certaine antérieure.

Mais les créanciers hypothécaires inscrits depuis le jour où l'acquéreur a levé l'état dans le but de faire les offres à fin de purge n'ont pas le droit de suite ; ils conservent leur droit de préférence jusqu'au jour de l'expiration du délai pour produire à l'ordre.

108. L'inscription de la mutation de propriété ou de la surve- nance d'une incapacité empêche que des hypothèques nouvelles ne soient valablement consenties.

109. L'ouverture de la faillite ou de la succession bénéficiaire n'arrêtent pas le cours des inscriptions ; il en est de même de l'ins- cription prise au profit des masses ; mais à partir de cette inscription la concession de toute nouvelle hypothèque et toutes aliénations sont nulles ; le tout sauf ce qui est édicté par l'article 128.

110. L'ouverture de la faillite ou de la succession bénéficiaire, même l'inscription au profit des masses, n'arrêtent pas l'inscription ni même la constitution de celles des hypothèques tacites, comme celles du vendeur. qui sont liées à la mise d'une valeur dans le patrimoine de la masse.

111. L'inscription de mutation de propriété postérieure à l'inscription d'une hypothèque a pour effet de soumettre l'acquéreur à payer toutes les hypothèques jusqu'à concurrence de son prix ou à subir la surenchère.

TROISIÈME PARTIE

De la publicité des droits absolus.

------

112. Les droits absolus ne sont opposables aux tiers que s'ils peuvent être connus d'eux au moyen de la publicité spéciale résultant de la présente partie de la loi hypothécaire.

113. Cette publicité consiste: 1° dans l'existence de registres-états relatant tant au compte de chaque parcelle de territoire qu'à celui de chaque particulier toutes les mutations et charges survenues, registres dont tout le monde pourra prendre connaissance; 2° dans la délivrance des certificats de propriété et d'inscription, subrogation ou radiation décrits ci-dessus; 3° dans la délivrance d'états d'inscriptions.

114. Lorsque le conservateur aura omis de reporter une inscription, subrogation, radiation, sur les registres-états ou sur les états par lui délivrés, l'immeuble, si l'omission a lieu sur le registre-état, sera considéré comme n'ayant pas subi la mutation ou comme franc de telle charge à l'égard de tous ; seulement le conservateur et subsidiairement l'État seront responsables du préjudice qui peut en résulter pour celui qui aura été omis. Si cette omission n'a lieu que sur l'État délivré ou sur le certificat créé, elle sera non-avenue, et la mutation ou charge continuera de subsister, sauf la responsabilité du conservateur ou de l'État envers celui qui aura traité sur la foi de cette omission.

115. Les registres de publicité, distincts des registres d'inscription, sont de trois sortes, ceux de publicité réelle, ceux de publicité personnelle, ceux de publicité mixte. Ces registres sont liés entre eux par des renvois réciproques.

116. Le registre de publicité personnelle se tient au lieu de naissance ; il y sera ouvert une feuille de chaque Français, dès qu'une modification se sera produite dans sa capacité, et qu'il possédera des biens immeubles ou assimilés aux immeubles. Sur ce registre

seront inscrits tous les changements de domicile. Si le domicile est autre que le lieu de naissance, le registre de ce dernier lieu se contentera de relater les changements de domicile, et ce sera le bureau du domicile actuel qui tiendra le registre de publicité personnelle.

117. Ce registre comprendra quatre colonnes : 1° colonne de l'état civil et du domicile ; 2° colonne de la capacité ; 3° colonne de l'ensemble du patrimoine ; 4° colonne des hypothèques légales résultant d'incapacités.

Dans la première on inscrira tous les changements de domicile et d'état civil, le mariage, l'adoption, le décès, la reconnaissance à titre d'enfant naturel, le divorce ou la séparation, la filiation. Dans la seconde on inscrira toutes les augmentations ou diminutions de capacité, à moins qu'elles ne résultent déjà de l'indication de l'âge fournie par la première colonne : l'interdiction, la dation d'un conseil judiciaire, ou leurs mains-levées, l'émancipation, la qualité de femme mariée. Dans la troisième on inscrira tout ce qui concerne l'ensemble des patrimoines, la faillite, les dispositions essentielles du contrat de mariage, la société en nom collectif, la qualité de commerçant, l'ouverture de la succession et le nom des héritiers, les successions échues, et enfin l'indication des arrondissements où l'inscrit possède ou vient à acquérir des biens immeubles. Dans une quatrième colonne seront inscrites les hypothèques légales du mineur et de la femme mariée sur le renvoi qui en sera fait par le notaire rédacteur de l'acte donnant lieu à l'hypothèque légale ; en marge seront portées les radiations de ces inscriptions. Renvoi sera fait du tout aux bureaux de publicité réelle des arrondissements où le mari ou le tuteur possède actuellement des biens, et ultérieurement à tous ceux où ils viendront à en acquérir de nouveaux, acquisitions qui seront connues par renvoi fait des bureaux de publicité réelle au bureau de publicité personnelle de l'acquéreur, lors de la mutation.

118. Les changements de domicile devront être mentionnés par renvoi sur les registres des bureaux où les inscrits possèdent des biens.

119. Le registre de publicité réelle se tient dans l'arrondissement de la situation des biens, il contient au nom de la parcelle cadastrale, ou au nom d'une collection de parcelles cadastrales, si ces parcelles réunies forment un domaine, trois sections.

120. La première, dite de propriété, porte le numéro et le nom de la parcelle ou des parcelles, le nom de son propriétaire par immatriculation, celui du propriétaire par inscription, l'estimation cadastrale, mais cette dernière mention seulement après réfection du cadastre, la somme pour laquelle elle a été assurée, la date du titre d'acquisition et le prix de cette acquisition, le montant du revenu annuel d'après les baux. En marge on mentionne, sur renvoi du bureau du registre personnel, tous les changements de capacité ou ceux d'état pouvant affecter la capacité du propriétaire inscrit.

Une colonne est consacrée aux prénotations.

121. La seconde section, dite de démembrement, comprend dans une première colonne toutes les charges réelles, autres que les hypothèques, grevant l'immeuble usufruit, servitudes et autres, et aussi les clauses d'inaliénabilité, les conditions casuelles, la charge de substitution, avec les noms des titulaires de ces droits, la durée de ces charges. Dans une seconde colonne, sont mentionnées les transmissions, modifications et radiations des droits réels inscrits. Une troisième porte les prénotations; une dernière les changements d'état ou de capacité des titulaires.

122. La troisième section, dite des hypothèques, comprend dans une première colonne les hypothèques transmissibles seulement par transfert avec le nom du titulaire; dans une seconde celles transmissibles par endossement, en distinguant celles conférées immédiatement à des tiers, et celles au nom du propriétaire lui-même. Une troisième colonne est consacrée aux inscriptions collectives au nom d'une masse. Une deuxième partie est destinée aux modifications. Une troisième l'est aux transmissions de l'hypothèque. Une quatrième, aux radiations. Une cinquième, aux prénotations. Une sixième, aux changements de capacité et d'état-civil. Cette dernière est tenue d'après le renvoi qui a été fait par le bureau de publicité personnelle.

123. Le registre de publicité mixte sera tenu par le bureau de l'arrondissement de la situation des biens. Il sera sommaire et comprendra seulement dans une colonne les numéros de toutes les parcelles cadastrales appartenant au même propriétaire dans l'arrondissement, avec indication du folio de la matrice cadastrale et du livre foncier où les parcelles sont portées, et dans une autre colonne,

sur renvoi du bureau de publicité personnelle, les modifications d'état civil et de capacité.

124. Les trois livres de publicité personnelle, de publicité réelle et de publicité mixte sont reliés entre eux par le renvoi qui doit être fait du livre de publicité personnelle au livre de publicité mixte, puis de celui au livre de publicité réelle de toute modification d'état civil ou de capacité, et de toute inscription d'hypothèque y relative, par le registre de publicité réelle au registre de publicité mixte, puis par celui-ci au registre de publicité personnelle, des numéros de toutes les parcelles cadastrales appartenant au même propriétaire dans l'arrondissement.

125. Chacun peut prendre connaissance, sans frais, de ces trois livres. Il peut s'en faire délivrer une copie à ses frais par le conservateur ; cette copie devra être intégrale pour chaque section. Le tarif de ces copies certifiées est fixé par un règlement. Il est interdit de publier ces états par la voie de la presse. L'état du livre personnel ne pourra être publié d'aucune manière.

126. Dans les cas d'interdiction ou de dation de conseil judiciaire, le greffier du Tribunal, dans celui d'émancipation ou de tutelle, le greffier de paix, dans celui de contrat de mariage ou de société, le notaire rédacteur doivent, sous peine d'une amende de 100 francs et de tous dommages-intérêts, faire inscrire mention de ces changements sur le registre de publicité personnelle, et ce dans les dix jours.

127. Tout notaire ou autre officier public qui aura reçu un acte de transmission immobilière, de constitution, transmission ou mainlevée d'hypothèque ou charge, ou de tout autre droit sujet à être inscrit, devra, sous peine de tous dommages-intérêts et de 100 fr. d'amende, même de poursuites disciplinaires, les faire inscrire dans les dix jours de l'acte. Il en sera de même de tout greffier qui aura reçu des jugements ou actes renfermant soit une mutation, soit une constatation de mutation accomplie, soit tout autre acte susceptible d'être inscrit, soit un changement dans l'état civil ou la capacité.

128. S'il s'écoule plus de trois mois entre la date de l'acte destiné à être inscrit et son inscription, et s'il s'agit d'un commerçant plus d'un mois, l'ayant-droit pourra être tenu de dommages-intérêts envers les tiers qui ont contracté sur la foi du défaut d'inscription, s'il est prouvé qu'il y a eu dol ou faute lourde de sa part.

DISPOSITIONS ADDITIONNELLES

129. Le conservateur des livres fonciers n'a ni le titre, ni les fonctions de juge, même en matière hypothécaire.

Lorsqu'il refuse d'opérer une inscription, la prénotation qu'il fait aux termes de l'article 102 est notifiée immédiatement par lui au moyen d'une lettre recommandée à la partie requérante. Celle-ci devra se pourvoir contre ce refus devant le Tribunal dans le délai d'un mois ; passé ce délai, faute de ce pourvoi, la prénotation est radiée d'office.

130. Lorsque le conservateur aura à tort effectué une inscription sans avoir suffisamment fait les vérifications préalables de l'immatriculation de l'aliénateur, de sa capacité, de l'aliénabilité de l'immeuble, de la validité extérieure de l'acte, il sera responsable envers toute personne à laquelle cette inscription aura porté préjudice ; en cas d'insolvabilité totale ou partielle, la responsabilité incombe à l'État. Toute personne pourra faire opposition à l'inscription ; dans ce cas, le conservateur devra prénoter au lieu d'inscrire.

131. Lorsqu'un immeuble sera immatriculé pour la première fois, la procédure nécessaire sera accomplie par le conservateur, conformément au réglement qui déterminera les formalités de cette procédure ; sa décision provisoire devra être homologuée par le Tribunal qui sera aussi compétent pour statuer sur toute contestation.

Lors des transferts ultérieurs ou des inscriptions de charges ou hypothèques, le conservateur décidera seul sauf recours devant le Tribunal.

132. Les actes pourront être inscrits avant leur enregistrement sur la remise de l'expédition.

133. L'inscription donnera lieu à un droit proportionnel sur la valeur inscrite à déterminer par la loi de finances. Le certificat de propriété ou d'hypothèque sera délivré gratuitement. Il en sera de même des mentions de subrogation. La délivrance des états ne donnera lieu qu'à un droit fixe de cinq francs, quel que soit le nombre des inscriptions d'hypothèques ou de charges. Elle devra être faite dans les deux jours.

DISPOSITIONS TRANSITOIRES

134. La présente loi ne sera exécutoire qu'un an après sa promulgation.

RENNES, IMP. VEUVE J. COSQUER, RUE HOCHE, 1.

www.ingramcontent.com/pod-product-compliance
Lightning Source LLC
Chambersburg PA
CBHW061724060726
47597CB00006B/2560